NDS BASTIDDRES DA EMPRESA

relatos de um funcionário

Décio Martins de Medeiros

São Paulo – Brasil – 2021

Nos bastidores da empresa

Informações bibliográficas:

Autor: Décio Martins de Medeiros.

Título: Nos bastidores da empresa.

Subtítulo: relatos de um funcionário.

Local, Ano: São Paulo-Brasil, 2021.

Páginas: 79 páginas tamanho 6''x9''.
Assuntos: 1. Entretenimento

Nos bastidores da empresa

Sumário

Nos bastidores da empresa

Pérolas de uma vida profissional

A vida profissional começou como engenheiro de eletrônica, depois engenheiro de vendas, gerente de vendas, diretor de vendas, diretor de negócio e diretor-presidente, da área de teste e medição. Foram 32 anos como funcionário nesta empresa multinacional de produtos e serviços de alta tecnologia.

Durante esta vida profissional vivi muitos "causos" que são verdadeiras pérolas.

Desde o início, quando ao final do dia, ao sair do prédio os pernilongos atacavam por cima do terno, até à aposentadoria, quando o trânsito na rodovia era infernal, foram muitos os causos vividos.

Sempre que encontro colegas, gostamos de relembrar algumas destas pérolas. Com certeza houve muitas outras das quais a memória não foi capaz de recordar neste momento.

Enfrentando o chefe

Eu tinha pouco tempo de empresa e estava aprendendo com o gerente em como atender clientes pelo telefone. Ele tinha sido claro que para uma empresa siderúrgica eu deveria oferecer propostas de venda em moeda local, isto é, nossa empresa importaria e venderia o produto localmente em moeda brasileira. Recebi uma ligação da Cosipa, uma empresa siderúrgica de Cubatão. Eu fiz exatamente como fui orientado e deu tudo certo. Logo em seguida me ligam da Usiminas, uma empresa siderúrgica de Ipatinga. Eu agi do mesmo modo, mas não funcionou. O cliente foi claro e firme: - Quem vai fazer a importação é a Usiminas por isso queremos a proposta em dólar, como vocês já fizeram outras vezes.

Percebi que havia algo estranho, pedi desculpas ao cliente, disse que iria providenciar.

Entrei na sala do gerente e contei o ocorrido. Ele disse que sim, que para a Usiminas era em dólar e para a Cosipa era em moeda local. Ele olhou bem nos meus olhos e com seu jeito áspero falou para eu sair da sala, e abaixou a cabeça. Eu não saí. Falei assim: - É o seguinte, você tem que explicar melhor ou então vamos trocar de lugar, eu fico aí de cabeça baixa e você vem para cá no meu lugar atender clientes sem saber ao certo como fazer...

Depois de um minuto, que pareceu uma eternidade, ele levantou a cabeça e com muita calma me explicou que o caso da Usiminas era uma exceção.

Enfrentando o chefe do chefe

O gerente também havia explicado que quando os clientes ligassem por telefone era para eu atender, assumir o caso e não transferir a ligação para outros.

Pois bem, fiz assim e assim funcionou para muitos casos até que uma pessoa de sotaque oriental ligou e pediu para falar com o gerente geral.

Eu, "bem treinado", disse para ele me explicar o caso que eu me incumbiria de resolver. Ele contrariado me disse que queria comprar alguns instrumentos, mas que queria ouvir a opinião do gerente geral e esperava uma ligação dele.

Depois de enviar a proposta pelos correios, eu procurei o gerente geral e contei o caso. Ele, para minha surpresa, disse que era para eu ter transferido a ligação.

Eu disse que não, que o meu gerente tinha me instruído para assumir os casos e não transferir as ligações.

Nos bastidores da empresa

O gerente geral reafirmou com voz firme e clara: - Quando qualquer pessoa ligar e pedir para falar comigo é para me passar a ligação.

Entendi...

Traga a cor

O gerente pediu para eu sempre revisar os relatórios relativos ao estoque dos produtos da nossa área.

Eu fazia a revisão dos relatórios e se encontrasse alguma coisa estranha eu procurava esclarecer antes de apresentar o relatório para ele.

Teve uma ocasião em que no relatório constava apenas a opção de cor do produto, isto é, "havia" uma unidade da cor e zero unidade do produto. Um absurdo, pois o produto é vendido com a sua cor.

Fui até o diretor na área administrativa e relatei a ele o ocorrido. Ele reagiu: - Nos meus relatórios não tem falha vamos juntos ao estoque para comprovar

Chegando ao estoque ele chamou a pessoa do almoxarifado. Então eu falei para o responsável: - Fulano, por favor, pegue a opção de cor do produto tal porque aqui no relatório diz que a opção tal está em estoque.

O sujeito fez uma cara estranha e reagiu: - Imagina, a cor foi junto com o produto. Não tem cor sobrando no estoque!

A corrente que sai do dedo

Um colega da área de instrumentação médica me trouxe um cliente que queria comprar um medidor/registrador de corrente elétrica.

O cliente me explicou que faziam experiências de imposição das mãos sobre pacientes e queria medir e registrar a corrente elétrica que sai dos dedos.

Me pareceu que devia ser um produto da área médica então reencaminhei o cliente para lá.

Passado poucos minutos o cliente volta dizendo que não era produto da área medica e que ele tinha um artigo técnico mostrando a foto do produto.

Vi a foto e estava bem claro quais eram os modelos do medidor e do registrador.

Sim, eram produtos da nossa área de instrumentação eletrônica.

Errei ao assumir que era um produto medico.

Vivendo e aprendendo!

Neophyte

Além do treinamento básico realizado no Brasil o engenheiro de vendas novato recebia um treinamento nas fábricas americanas sobre os produtos de teste e medição.

Eu nunca tinha feito uma viagem internacional.

A secretaria fez todos os arranjos para a viagem e a empresa me entregou traveller check de 100 dólares cada, pois na época não se tinha cartão de credito internacional. As passagens cobriam vários trechos, pois os treinamentos eram por varias fabricas espalhadas pelo território norte-americano e duravam seis semanas.

Na época era tão incomum fazer viagens internacionais que a família toda me acompanhou na partida e foi me esperar na chegada.

Peguei o avião no aeroporto de Congonhas com destino ao aeroporto do Galeão onde peguei o voo para Nova York. Na época não tinha voo direto de São Paulo aos EUA.

Quando estávamos sobrevoando Nova York veio a notícia que havia uma tormenta de neve e teríamos que aguardar autorização para pouso. Foi o inicio da aventura...

Ao desembarcar no aeroporto Kennedy, peguei a bagagem, passei pela imigração e me informei no balcão da companhia aérea onde eu teria que pegar o voo para San

Francisco. Fui informado de que teria que sair do terminal, pegar um ônibus e ir para outro terminal.

Estava nevando muito e muuuuito frio. Eu estava usando uma camisa de manga curta, pois tinha saído do Brasil onde estava muito calor. O que é a falta de experiência e a falta de orientação.

Ao chegar no outro terminal peguei uma fila enorme no balcão da companhia aérea e, para minha sorte, um senhor que estava atrás de mim na fila, percebeu que eu era brasileiro e disse em português: - Olha, eu estou aqui com minha filha de 10 anos, estamos voltando do Brasil e vamos também para San Francisco. Se você quiser, eu cuido do seu check-in enquanto você cuida da minha filha.

Achei ótimo e ficamos sentados conversando, a menina e eu, enquanto o pai dela cuidava de tudo.

Depois do check-in eu disse a ele que precisava fazer uma chamada interurbana para San Francisco para avisar que eu iria chegar atrasado. Disse também que eu só tinha traveller check de 100 dólares. Ele disse que iria ser muito difícil trocar e por isso me deu uma moeda. Fui ao telefone publico, coloquei a moeda, mas não consegui realizar a ligação. Ele pegou o telefone avisou a operadora que então lhe prometeu devolver a moeda pelos correios. Primeiro mundo!

Ele não tinha mais moedas então arrisquei uma chamada a cobrar. Depois de alguma confusão durante a ligação eu consegui avisar a pessoa que iria me esperar no aeroporto de San Francisco. Ufa! Agora era só relaxar.

Ivan da telecomunicações

Logo cedo peguei minha mala 007 e fui para a Estação da Luz onde funcionavam os departamentos de telecomunicações de duas empresas ferroviárias, a Rede Ferroviária Federal e a FEPASA.

Nunca tinha estado lá, e apenas tinha uma indicação para procurar um tal de engenheiro Ivan. Ao chegar na recepção eu me identifiquei e pedi para falar com o Ivan da FEPASA.

Prontamente fui encaminhado para um corredor onde tinham varias salas com nomes nas portas.

Em uma delas estava escrivo Ivan.

Bati, entrei, me apresentei e disse: Bom dia, Ivan, gostaria de me apresentar e falar das necessidades de instrumentos de medição da FEPASA.

O Ivan, gentilmente me pediu para sentar, mas corrigiu: - Sou Ivan, gerente da área de telecomunicações da RFFSA.

Ops, pensei: <RFFSA! Então são dois Ivan, um na FEPASA e um na RFFSA!>

Nem pedi desculpa pelo engano, pulei essa fase e entrei direto na conversa:

-Então, vamos falar das suas necessidades e de nossas soluções.

Atirei em um Ivan e acertei o outro.

Nos bastidores da empresa

Numa próxima oportunidade vou procurar o outro.

Trote depois de formado

Quando assumi a função de engenheiro de vendas em campo recebi como parte do meu território a conta da faculdade em que me formei. Muito bom, pois já conhecia todos os professores.

Chegando lá, esperei acabar a aula do professor de eletrônica aplicada e assim que ele saiu da sala eu me apresentei e fui acompanhando seus passos rápidos pelo corredor. Chegando à sua sala ele entrou e quando eu ia entrar ele pediu para eu entrar na porta ao lado onde ficava sua secretaria. Fiz assim e disse a ela que queria falar com o professor. Ela ligou para ele que disse que não podia me atender. Que sacana!

Eu tinha que encontrar uma forma de ganhar a atenção dele.

Fiquei sabendo que ele havia recebido um computador pessoal de ultima geração para o qual nossa empresa tinha lançado um registrador gráfico em papel com alta resolução.

Na próxima visita levei um folheto e as portas se abriram. Ficamos falando uma hora, sobre o computador novo, sobre o registrador e, o que mais me interessava, sobre as oportunidades para instrumentos de teste e medição para o laboratório dos alunos e professores.

O dólar azul

No domingo 26 de junho de 1983 eu li no Estadão o artigo intitulado 'O dólar azul' escrito pelo jornalista Mauro Chaves.

O artigo trazia a notícia de que o Banco Central americano iria trocar todos os dólares em circulação no prazo de 80 dias, passando da cor verde para a cor azul, e os antigos perderiam valor.

O artigo causou alvoroço entre os leitores e só no final o autor revela que era uma brincadeira.

Recortei o artigo, omitindo a parte em que o autor revela a brincadeira, e levei comigo para a reunião semanal de segundas-feiras na empresa.

Eu sabia que o gerente e o diretor compravam dólares dos gringos que nos visitavam e deviam estar com um bom estoque em suas casas e que, uma eventual troca do papel moeda iria lhes causar prejuízo.

Durante a reunião com os colegas ao redor da mesa do gerente, eu passei a ele, por baixo da mesa, o recorte do jornal. Ele leu, seu rosto se transformou, ele pediu licença a todos e levou para o diretor.

À distância a gente conseguia ver os dois conversando e gesticulando.

Deixei eles sofrerem um pouco antes de revelar a brincadeira.

Cartões de Natal

Estava um silêncio incomum no departamento. O gerente tinha preparado sua lista de nomes e endereços para serem enviados os cartões de Natal. Para facilitar a vida da secretária, que não era das mais calmas, ele gravou tudo em fita cassete e deixou com ela o gravador e o fone de ouvido.

Lá pelas tantas a gente ouve um grito da secretária e vimos voar o gravador e o fone de ouvido.

-O que foi isso? – perguntou assustado o gerente.

Ela, virando-se para os funcionários, disse: - Inacreditável! Depois de eu ter datilografado todos os envelopes com os nomes e endereços a anta diz na fita: - E agora os departamentos...

Todos morreram de rir e o gerente ficou com uma cara esquisita.

Neste momento, toca o telefone, e a recepção passa um recado para esta secretária.

Ela avisa a um colega que tinha uma mente super racional enquanto a secretária era toda emoção.

Ela disse: - Fulano, um colega seu está na recepção.

O racional pergunta: - Fisicamente/

Ela explodindo responde: - Não Pedro Bó, espiritualmente!

Todos riram novamente.

A pegadinha e a revolta

Depois de uma semana visitando clientes, chegando no escritório, vi em cima de minha mesa, um envelope endereçado a mim, com timbre da matriz.

O texto estava todo em inglês e apresentava um novo programa de avaliação de desempenho com base em pontos. Dependendo de uma série de atitudes do profissional ele receberia pontos positivos ou pontos negativos.

Era estranho, pois não condizia com o jeito gerencial da empresa...

Conversei com um colega, que também achou estranho. Desconfiamos.

Ligamos para outros dois colegas e combinamos de fazer uma reunião com o gerente e com o diretor.

Ligamos para o gerente e este aceitou a reunião desde que fosse em seu apartamento. Tudo bem, aceitamos e ligamos para o diretor.

Chegando ao local, praticamente todos no mesmo horário, entramos no apartamento e sentamos nas poltronas e o gerente, sabe-se lá porque, resolveu sentar no chão bem no meio da roda da turma.

Explicamos o porquê da reunião e pedimos que confirmassem ou negassem o conteúdo do texto.

Só o gerente respondia às nossas perguntas, mas de forma evasiva.

Perguntado objetivamente se era falso o conteúdo, ele retrucou: - E se for?

Nesta hora o diretor assumiu a culpa e o gerente que nunca tinha assumido a responsabilidade pela falsificação, então disse que ele também assumia a culpa.

O diretor então puxou para si toda a responsabilidade.

Neste momento a reunião terminou, pois tinha sido atingido o objetivo de esclarecer o caso.

Imaginem como estava o ambiente no escritório no "day after"...

A postura correta

Sempre me lembro da lição de vida que recebi no inicio da vida profissional.

Observei muitos gerentes dizendo não para as propostas de solução de problemas apresentadas pelos funcionários.

Esta não era a postura do gerente de processamento de ordens.

Ele te ouvia, entendia a situação, entendia sua proposta de solução e dizia:

-Assim, não dá... Mas, assim, dá.

E explicava como resolver a situação dentro das condições de contorno!

Esta é a postura correta do gerente, resolver, e não ser um obstáculo.

Encontros e desencontros

O Carlos e eu combinamos de visitar clientes em Campinas e o ponto de encontro era o restaurante Frango Assado da rodovia Anhanguera.

Cheguei lá no horário combinado, estacionei o carro e fiquei em pé ao lado do carro aguardando o Carlos chegar, o que provavelmente seria logo, pois ele sempre era pontual.

Depois de dez minutos resolvi entrar e encontrei ele saindo. O que aconteceu, perguntei.

Ele tinha chegado cinco minutos antes do horário e resolveu esperar dentro do restaurante, mas como já tinha passado algum tempo e ele também sabia que eu era pontual então resolveu sair para ver o que estava acontecendo.

Dois precisos em combinar o horário não foram precisos em combinar o local exato.

Comemos um sanduíche e partimos para as visitas.

No maior Centro de Pesquisas e Desenvolvimento da cidade presenciamos um fato hilariante. Estávamos conversando com um pesquisador quando, de repente, um papel voou para fora da janela. O sujeito não teve dúvidas, levantou-se e saiu correndo, descendo as escadas, em busca do papel que flutuava ao vento.

A última visita do dia era em um evento de uma grande fabricante de computadores. Lá estavam vários contatos conhecidos do Carlos, mas ele queria mesmo era encontrar o presidente da empresa.

Tomei a iniciativa, fomos até o presidente e então eu o apresentei ao Carlos. Uma técnica que funciona para se estabelecer relacionamentos.

Outra técnica que usávamos para participar de uma rodinha de pessoas era chegar, ficar perto de duas pessoas, e a rodinha logo se abria para deixar espaço para nós e logo estavam conversando conosco. Fazíamos isso nos encontros da ABINEE.

Demonstrações

Se uma figura vale mais que mil palavras então uma demonstração vale mais que mil figuras.

Demonstrar o funcionamento de um produto dá muito resultado mas, se não tomar cuidado, pode ser o contrário do desejado.

Por mais que você se prepare, sempre pode ocorrer algum imprevisto.

Logo aprendi que, não era prudente, antes de apertar um botão, dizer: - Veja o que acontece quando aperto este botão.

Às vezes apertava o botão e nada acontecia. Era frustrante.

Mudei de tática. Apertava o botão e depois de constatar o que acontecia então eu comentava sobre o resultado e os benefícios ao cliente.

Também aprendi que não era bom deixar um equipamento demonstração na empresa do cliente para que ele experimentasse sozinho. O cliente acabava não dedicando o tempo para testar o equipamento nem lia os manuais. O efetivo era você se preparar e fazer a demonstração.

Mesmo assim fazer uma demonstração era algo que tomava muito tempo de preparação e ao fazer a demonstração no ambiente do cliente algo poderia sair errado. Era preciso usar com moderação.

O folgado

O colega folgado me liga e pergunta por que eu não enviei o relatório que ele tinha pedido semana passada.

Eu, na dúvida, respondi que já tinha enviado.

Ele, sem dúvida nenhuma, respondeu que então devia ter perdido e pediu para eu enviar novamente.

Isso aconteceu porque eu sempre cumpria com os compromissos e ele era sempre descuidado.

O gozado é que logo em seguida descobri que eu havia falhado e, desta vez, tinha esquecido de enviar o relatório.

Este colega folgado foi meu companheiro de quarto em um hotel durante um treinamento que fizemos nos EUA.

Logo que chegamos no quarto ele perguntou onde eu iria colocar minha mala. Eu respondi e ele, prontamente, espalhou suas coisas por todos os outros locais.

Entrou para tomar um banho e logo saiu segurando a torneira da banheira e disse: - Acho que vamos ter que trocar de quarto.

E logo se vestiu e passou um tempão recolhendo suas coisas que estavam espalhadas pelo quarto.

Todas as noites ligávamos para a recepção e pedíamos uma Wake-up call para a manhã seguinte.

Naquela manhã acordei com a chamada que, desta vez, era um alarme de incêndio.

Dei um pulo da cama e tentei acordar o folgado gritando que era um alarme de incêndio. Ele recusava se levantar e respondia: - Para com isso, me deixe dormir...

Me lembrei de alguns filmes que recomendavam verificar se havia fumaça. Olhei pela janela e nada. Resolvi abrir a porta e nada. Neste momento o telefone tocou e era nosso gerente que dormia no quarto ao lado e perguntava se tínhamos recebido a chamada de alarme de incêndio. Logo entendemos que era uma falha e que não havia incêndio algum.

Acordamos, tomamos café da manhã, e fomos à recepção agradecer pela Wake-up call que tinha sido muito eficiente para nos acordar, menos para o folgado que provavelmente iria morrer queimado.

Negociação

Nossa equipe de vendas estava assistindo um curso de negociação.

Depois de apresentar algumas técnicas básicas o instrutor dividiu a turma em duplas para fazer um exercício. Em cada dupla um faria o papel de vendedor e o outro faria o papel de comprador. O objetivo era ver qual vendedor conseguia mais dinheiro com a venda de um quadro e qual comprador conseguia comprar pelo menor valor. O instrutor avisou apenas aos compradores que eles tinham 30 Reais para gastar.

Nem bem o exercício tinha começado e uma dupla concluiu a negociação. Qual a mágica?

Ao final do exercício o instrutor reuniu todos e mostrou que a media do valor negociado pela quase totalidade das duplas (inclusive a minha) foi de 15 Reais, mas para surpresa de todos a dupla que terminou primeiro a negociação fechou o negocio por 10 Reais. Qual foi o segredo desta dupla?

Quando o instrutor revelou a todos que os compradores tinham 30 Reais, o vendedor da dupla que primeiro encerrou a negociação queria matar o comprador, pois esse tinha aberto o jogo durante a negociação dizendo que tinha apenas 20 Reais e que propunha rachar o valor: 10 para cada. Assim o quadro foi comprado por 10 Reais e o comprador ainda ficou com mais 10 no bolso.

Surpresa geral, pois pensávamos que era para usar as técnicas ensinadas e um dos participantes pensou fora da caixa e conseguiu o melhor negocio!

O coração quase saiu pela boca

Viajei aos EUA para participar de duas semanas de treinamento numa fábrica em Colorado Springs.

Chegando no aeroporto Stapleton, em Denver, aluguei na Hertz um veículo Corolla e fui dirigindo até Colorado Springs.

Uma viagem com muito stress, pois nevava muito, se enxergava pouco, e estava com muito sono, pois não consegui dormir no avião.

Chegando finalmente ao hotel, que ficava à beira da freeway, fiz o check-in e instalei-me em um quarto confortável. Tomei um banho quente e fui dormir.

Nos três primeiros dias continuou nevando e quando acordava, limpava a neve do para-brisa e dirigia com cuidado e atenção até a fábrica onde se realizaria o treinamento.

Finalmente, no quarto dia, acordei e vi que o céu estava azul, limpo, e o sol já brilhava às 7 da manhã, e não tinha neve no solo nem no para-brisa.

Dei partida no carro e saindo do estacionamento do hotel entrei na freeway e.... o carro rodou e rodou e rodou até parar.

O coração quase saiu pela boca.

A "sorte" foi que quatro caminhões, ocupando as quatro pistas da freeway, pararam quando viram meu carro rodando na pista.

Se não fosse isso então seria um desastre.

Ufa, são e salvo, coloquei o carro em movimento lentamente.

Eu desconhecia que nesta situação de frio sem neve, o que havia era gelo, uma fina camada de gelo no para-brisa e gelo na pista!

Obrigado meu anjo da guarda!

Quando o trabalho afeta a saúde

As vendas nacionais estavam indo muito bem, crescendo na proporção de 5 vezes a taxa de crescimento do PIB nacional.

O problema começou quando o presidente Collor tomou algumas medidas drásticas e as vendas começaram a cair.

Quando retornei de ferias meu chefe pediu para eu olhar a taxa de decrescimento das vendas.

Olhei e me assustei, pois a queda era constante e se continuasse assim daqui a alguns meses chegaríamos a zero!

Não percebi conscientemente o impacto que esta constatação teve em meu físico, mas a responsabilidade que tinha fez com que meu inconsciente colocasse meu corpo em sofrimento.

Passei a suar frio e sentia que meu coração queria sair do peito.

Sentia uma dor no peito e, como meu pai morreu de infarto com 49 anos de idade, o meu cérebro concluía que tinha chegado a minha hora.

Além da dor física, eu não estava preparado emocionalmente nem financeiramente para sair de cena deixando viúva e filhos desamparados, e isso só piorou a minha angustia e a minha ansiedade.

A ansiedade era tanta que ao escrever eu tremia e sentia como se a caneta não acompanhasse a velocidade da mente.

Caí de cama.

Minha irmã medica então me levou a um cardiologista conhecido e ele me encheu de remédios, mas não adiantou.

Ela então me levou a outro cardiologista que trocou todos os remédios e não adiantou.

Ela queria me levar a um terceiro cardiologista quando eu falei: – pera aí, e se o problema não for no coração.

Então decidi procurar um clinico geral recomendado por um amigo.

O clinico me fez inúmeras perguntas sobre os sintomas e sobre histórico de saúde.

Pediu inúmeros exames para ajudar no diagnostico.

Finalmente levei os resultados dos exames, que ele analisou com muito cuidado e atenção e então me disse, com voz solene e olhando seriamente para mim: – Tenho uma noticia difícil para te dar.

Eu me preparei para receber a bomba e então ele disse: – Você não tem nada.

Surpreso eu disse: – Mas como se continuo com os sintomas de dor no peito?

Ele disse respire fundo e solte de uma vez.

Que alivio eu senti, a dor se foi na hora!!!

Ele então explicou que os resultados dos exames eram todos normais e que a causa da dor no peito era que, devido ao stress, eu enchia pouco o pulmão, soltava o ar e logo enchia pouco de novo mantendo retesado o musculo peitoral.

Ele explicou que essa atitude era comum em executivos estressados, em políticos que empinam o peito e empostam a voz para discursar e em bailarinas que tem postura semelhante de retesar o musculo peitoral.

Ele explicou que recebe muitos pacientes desse tipo que o procuram por ser pneumologista além de ser clinico geral. Que sorte eu tive de procurar um especialista!

Receitou-me um ansiolítico leve para ajudar passar essa fase difícil na empresa, me pediu para prestar atenção na respiração, passando a inspirar e expirar completamente e recomendou mudar o estilo de vida, largando a caneta no ar quando acabasse o expediente diário ao invés de ficar trabalhando até às 22h.

Nos bastidores da empresa

Que alivio! Que medico!

P.S.: Antes de sair eu perguntei por que o doutor disse que a noticia era difícil. Ele disse que era muito difícil para um medico dizer que o paciente não tem nada, pois o corpo humano é muito complexo e eu poderia sair dali e em seguida ter um infarto ou AVC ou qualquer outra coisa... Como ele iria se explicar?

Entendi e saí duas vezes aliviado.

Em casa de ferreiro o espeto é de pau

Às vezes a gente tem que usar a criatividade para vencer obstáculos quando por outros caminhos não se consegue os resultados necessários.

A empresa de alta tecnologia tinha crescido bastante os seus negócios e a quantidade de funcionários, mas não tinha atualizado suas ferramentas como, por exemplo, o seu sistema de telefonia interna.

Quando tocava o telefone no ramal de uma mesa a secretária tinha que sair correndo para atender, quando o funcionário que trabalhava naquela mesa não estava, porque não havia meios dela puxar a ligação para o seu ramal.

O que fazer?

Como havia contenção de despesas a solução foi criar um painel rudimentar como os usados antigamente no inicio da telefonia, manual, em que você troca os fios, tira o plugue de um ramal e coloca o outro.

Assim a secretária pegava o plugue do ramal que estava tocando e colocava no telefone dela e atendia, embora às vezes levasse um pequeno choque (risos).

Isso funcionou bem, resolveu o problema do departamento, as secretárias não precisavam mais correr "os cem metros rasos" , e assim foi...

Além disso, esta solução rudimentar foi muito útil para resolver o problema definitivamente.

Como uma demonstração vale mais que mil figuras, quando da visita à filial brasileira por um gerente da empresa a nível mundial , este viu o painel e me perguntou para que servia. Eu expliquei, ele não fez nenhum comentário, mas imediatamente foi ao gerente geral da filial brasileira e autorizou a compra de um PABX moderno.

Ao invés de ir pelo caminho da insistência, foi mais eficaz ir pelo caminho da criatividade.

Uma questão de expectativa

Em um dos muitos cursos que assisti na empresa o professor explicou que é tudo uma questão de expectativa. Contou o caso de um rei muito poderoso que contratou o melhor pintor da época para pintar seu retrato.

O pintor chegou e pediu para o rei ficar sentado calmamente em seu trono. Depois de um tempo mostrou o resultado.

O rei queria mandar matar o pintor, pois o resultado era maluco.

O rei disse furioso: -Esta pintura não parece nada comigo!

O pintor replicou: -Como não? Veja, este traço representa o seu poder, este outro traço representa sua bravura. Este outro representa sua determinação.

O rei treplicou: -Eu queria que parecesse com a minha face!

O pintou arrematou: -Se queria um retrato deveria ter chamado um fotógrafo!

Este caso veio à minha mente quando alguns funcionários e clientes reclamaram que uma secretária demorava para atender o telefone.

Falei com ela e perguntei se achava que atendia telefone prontamente.

Ela respondeu que sim. Então perguntei quantos toques ela esperava até atender. A resposta foi: cinco!

Como o padrão da empresa era atender até o terceiro toque então entendi a frustração dos demais funcionários. Era uma questão de expectativas diferentes.

Pedi a ela que atendesse até o terceiro toque e as reclamações acabaram.

Fais-u-qui-quer

Estávamos almoçando, José, Angelo, Paulo, e eu. A conversa fluía tranquila, mas de repente o José e o Angelo começaram a discutir sobre um detalhe de um jogo de futebol. Não era motivo para discussão, mas o José insistia em dizer que o Angelo estava errado, que ele não concordava com o Angelo.

Embora o Angelo tentasse contemporizar o José teimava em continuar a discussão.

Angelo pedia para José parar, mas este continuava.

Para por fim à discussão Angelo disse: José, você está teimando tanto que vou fazer o mesmo que faço quando meu cachorro teima em não me ouvir. Vou te dar uma ordem igual à que dou ao meu cachorro!

José não acreditava no que ouvia, receber ordem igual ao cachorro! Nunca!

Angelo reforçou: E é uma ordem que meu cachorro sempre obedece e que você também vai obedecer!

Angelo então decretou: Muito bem, não quer parar, então obedeça esta ordem: - Fais-u-qui-quer!

Todos caímos na gargalhada, então Angelo explicou que este era o jeito que ele lidava com seu cachorro teimoso, com seu sobrinho mimado e agora, com seu amigo inconveniente. Era o jeito que ele encontrou de sair do confronto mantendo a autoridade, afinal ninguém pode desobedecer a ordem "Faça o que quiser!"

O peixe não enxerga a água suja

Na época as secretárias do departamento de vendas datilografavam as propostas em cinco vias carbonadas.

Fazíamos isso há muitos anos e ninguém questionava o processo.

Foi quando contratamos uma nova secretária e ela, depois de ser treinada e estar a uma semana datilografando propostas, colocou a questão: - Por que não fazemos as propostas apenas em duas vias ao invés de cinco?

O gerente acolheu a sugestão, mas propôs um período de transição: - Vamos continuar por quinze dias fazendo as propostas em cinco vias, mas enviando uma via para o cliente, arquivando uma via no departamento e guardando as outras três para ver se alguém reclamava.

Foi uma atitude prudente, pois logo nos primeiros dias deste período de transição o departamento de processamento de pedidos reclamou que não estavam recebendo copia das propostas geradas.

Então resolvemos reduzir de cinco para três vias carbonadas os formulários de propostas com grande redução de custo.

Moral da história: precisou vir alguém de fora do ambiente para perceber a oportunidade de melhoria. O peixe não enxerga a água escura do aquário

Linhas e colunas

Como engenheiro de vendas eu estava visitando um cliente da área aeroespacial, na companhia de meu gerente de vendas.

Ao perceber o tamanho do potencial de negócios o meu gerente sugeriu ao cliente e a mim que trabalhássemos juntos em montar uma matriz, uma tabela, com linhas e colunas, onde constariam as medidas necessárias ao cliente e nossos produtos necessários para realizar tais medidas.

A ideia foi ótima, pois foi uma maneira automática para conseguir reunir as necessidades de vários departamentos do cliente e uma maneira bem visual de apresentar aos diretores o que seria necessário adquirir.

Com esta experiência bem sucedida e sendo nossa empresa uma fornecedora de mais de 5000 instrumentos e sistemas, fui capaz de atender à solicitação de outra empresa da área aeroespacial com relação a laboratório de teste de satélites.

Junto com os responsáveis montamos a planilha e demos um passo além, montamos um enorme quadro com imagens de cada instrumento medindo o seu respectivo dispositivo sob teste. Virou um grande mural, uma espécie de maquete, uma visão do que viria a ser o laboratório de teste de satélites. O resultado foram negócios sucessivos de milhões de dólares.

Esta mesma ferramenta de linhas e colunas eu utilizei para justificar para meu chefe gringo a necessidade de recursos adicionais. Se ele quisesse tais resultados então precisaria aprovar tais recursos. Funcionou!

Overdose de obediência

Como muitas empresas fazem em nosso país utilizávamos estagiários para ajudar com tarefas e ao mesmo tempo desenvolver o potencial deles para, quem sabe, serem futuros candidatos a funcionários efetivos.

Para a empresa o custo de um estagiário é muito menor que o custo de um funcionário efetivo, pois os encargos legais são mínimos.

Um gringo que tinha assumido recentemente a responsabilidade pela região latino-americana, ao visitar o nosso país, ficou sabendo da nossa prática de usar estagiários e, apesar de gostar do lado social, achou estávamos burlando os relatórios financeiros, pois não contávamos os estagiários como headcounts.

Expliquei a ele, mas não aceitou.

Pediu que eu preparasse quinzenalmente um relatório com varias informações sobre os estagiários tais como, nomes, tarefas, custos, etc.

Eu considerava um trabalho adicional e desnecessário para nosso departamento, mas o gringo estava irredutível.

Gringos querem vencer pela força. Se você resiste então ele pratica sua força.

Logo aprendi que com gringos o melhor é não resistir e utilizar a técnica da overdose.

Quer relatório quinzenal então vou fazer semanal. Quer muitos dados então vou dobrar a quantidade de dados oferecidos. Quer que eu envie automaticamente sem ele solicitar. OK, vou enviar e, depois de dois dias, cobrar a leitura e fazer perguntas para confirmar o entendimento.

Funcionou. Passadas algumas poucas semanas ele desistiu e me avisou que não era mais necessário enviar os relatórios.

O ovo ou a galinha?

O que vem primeiro, o ovo ou a galinha? Já descobriram a resposta a essa pergunta?

Se quem botou o ovo foi a galinha então a galinha vem primeiro, caso contrario, é o ovo que ao ser botado por um animal precursor da galinha acabou gerando a primeira galinha.

Algo semelhante se passou quando reunimos nosso time e escolhemos o projeto que iriamos trabalhar e apresentar no programa de melhoria da qualidade da empresa.

Depois de algumas reuniões patinando descobrimos que nosso time não reunia os especialistas no tema do projeto e então percebemos que tínhamos que convidar elementos externos ao time. Um grande aprendizado: Primeiro se define o projeto, e, só depois, é que se monta o time responsável por executar o projeto.

Outro aprendizado ocorreu quando soubemos que as apresentações seriam avaliadas pela diretoria.

Imaginamos que, para sermos bem avaliados, seria necessário montar a apresentação seguindo o roteiro do curso de Qualidade que todos na empresa receberam, mas que isso não seria suficiente.

Então propusemos à diretoria que o formulário de avaliação dos projetos observasse se cada time seguia ou não os passos do curso.

Bingo. Projeto bem feito, apresentação conforme o curso, avaliação boa! Ganhamos o premio.

Reorganização da área de vendas

Era uma oportunidade de fazer uma reorganização dos times de vendas.

Tínhamos uma organização tradicional, por territórios geográficos, e desejava mudar para uma organização por focalização em mercados.

Sabia que muitos funcionários já estavam sentindo que algo iria mudar e resolvi conversar com cada um para explicar a ideia e conseguir o suporte já que era uma mudança radical.

Todos os funcionários e gerentes acolheram bem a ideia, menos um.

Este gerente resistia a mudanças.

Como conseguir seu suporte?

A estratégia foi mostrar a ele que todos acolheram bem a ideia e a suportavam, mas que eu não iria implementar porque ele não queria.

Isso foi o bastante para desmontar sua resistência.

Ele disse: - Não, não é que eu não queira, mas esta não a melhor forma de reorganizar, mas se você, que é o diretor, quer fazer assim, então ok.

E assim foi feita!

Eventos externos e internos

Participávamos de vários eventos externos levando nossas soluções. Eram eventos que tinham muita participação de clientes. Era uma boa exposição de nossa marca.

Era um custo elevado participar destes eventos, mas imagine o custo de não participar.

Por outro lado, nossos eventos realizados em nossa empresa, sob nosso patrocínio, convidando diretamente os clientes tinham pouca aceitação.

Por que será?

Até que descobrimos uma formula de sucesso: Parar de convidar os clientes de cada vendedor e passar a convidar os amigos de cada vendedor que são clientes de outro vendedor.

Deu certo, os convidados iam para rever seus amigos e, de tabela, encontravam com os vendedores responsáveis pelo atendimento de suas empresas.

Descobrimos também a fórmula utilizada por grandes patrocinadores de eventos: Eles convidavam políticos para receberem prêmios. Os políticos iam, pois queriam ser vistos. As indústrias iam porque os políticos aprovavam grandes obras que necessitavam de suas soluções. Nós íamos porque as indústrias eram nossas clientes.

Situação embaraçosa

Tínhamos uma vaga para engenheiro de aplicações de nosso sistema de teste de placas.

Um funcionário de um grande cliente usuário de nossa solução se candidatou e facilmente passou pelo processo de seleção graças à sua competência e experiência.

Durante a entrevista fiquei sabendo que ele tinha se candidatado à nossa vaga e também a uma vaga para a mesma função, mas em outra empresa.

Tudo certo quando, de repente, sou chamado pelo diretor da empresa do candidato para explicar porque nós estávamos "roubando" seu funcionário.

Que situação! Como resolver?

Fiquei imaginando que, no lugar dele, eu estaria pensando da mesma forma, então bolei uma estratégia para surpreendê-lo.

Ao chegar na sala do diretor eu logo de cara disse a ele que não iria contratar o seu funcionário a menos que ele me pedisse que o fizesse.

Isso já foi o bastante para surpreendê-lo e desarma-lo.

Expliquei que o funcionário dele é que tinha se candidatado e não nós que o tínhamos procurado.

Expliquei que se não o contratássemos então o funcionário dele iria para outra empresa e ele perderia de qualquer jeito o serviço que o funcionário estava prestando.

Expliquei que se o contratássemos então pelo menos ele poderia subcontratar o serviço através da nossa empresa.

Negócio fechado. Ganha-Ganha!

Sua empresa se compõe?

Eu era diretor da área de vendas de instrumentos e sistemas de teste e medição quando recebi uma ligação de uma empresa conhecida, mas de um contato que eu não conhecia.

Ele pediu para eu lhe fazer uma visita ainda naquele dia.

Eram 16 horas e eu estava no meio de uma atividade crítica e ofereci visitar-lhe na manhã seguinte.

Ele disse que precisava ser naquele dia. Combinamos então nos encontrar depois do expediente na residência dele.

Chegando lá, ao entrar na sala, ele me recebeu e em seguida beijou sua esposa que saiu do local.

Logo de cara ele me perguntou: - Sua empresa se compõe?

Eu não entendi e retruquei: - Se compõe de que?

Ele explicou que haveria um negocio numa empresa de telecomunicações e que a empresa dele iria participar, mas precisava incluir nossa empresa numa composição já que eles não tinham todas as soluções. O combinado seria uma porcentagem para o comprador, uma porcentagem para ele e uma porcentagem para a nossa empresa.

Como nossa empresa não aceitava participar de negócios que envolvesse propina eu disse que iria comunicar ao diretor geral e no dia seguinte eu lhe informaria.

Eu tinha achado estranho, pois o valor do negocio muito maior do que nosso volume anual de vendas.

Na manhã seguinte, ao chegar na nossa empresa eu procurei o diretor geral e comuniquei o ocorrido que, como já esperava, rejeitou a participação em qualquer negócio que envolvesse propina.

Ao ligar para meu contato fiquei sabendo que o negocio era de centrais telefônicas e que, como não era produto nosso, ele tinha se enganado.

Funcionários satisfeitos?

Era costume realizar pesquisas de satisfação dos funcionários.

Em geral o resultado do nosso departamento ficava próximo a media do resultado da empresa como um todo.

Para minha surpresa em uma destas pesquisas o resultado foi muito ruim, foi o pior de todos.

O que teria acontecido?

Eu estava em contato diário com meus funcionários e compartilhávamos nosso entendimento dos problemas e o que precisava ser feito. Era tudo muito transparente. Não se procurava tampar o sol com peneira.

Então, qual era a causa de um índice tão baixo de satisfação dos funcionários?

Resolvi atacar o assunto de frente.

Agendei reunião com duração de 20 minutos com cada individuo. O objetivo era ouvir cada um separadamente e, mais importante que tudo, era emponderar cada individuo a resolver por si a questão.

Sim, eu estava delegando autoridade, mas não a responsabilidade. A responsabilidade continuava sendo minha, mas eu dava ao individuo o poder de resolver a questão, com tempo e recursos.

Cada um exposto a esta franca reunião passou a ter outro comportamento. Poucos foram os que assumiram o papel e, com minha ajuda, atacaram e resolveram ou minimizaram os problemas que enxergavam. A grande maioria parou de apontar os problemas, pois sabiam que ao abrir a boca estavam também se voluntariando a trabalhar na solução.

Lição de vida!

Analogia com algo conhecido

A empresa estava detalhando o programa de fundo de pensão a ser implantado pela primeira vez na nossa filial brasileira.

Era um programa bem conhecido e utilizado há anos na matriz e em outros sucessos mas era uma novidade total para nossos funcionários locais.

Fui solicitado a apresentar uma analise do programa e, como estava lendo o livro Seis Chapéus, de Edward De Bono, montei um texto com comentários de acordo com cada um dos pontos de vista: fatos; emoções; negativo; positivo; criativo ; e como organizar tudo.

O diretor de RH reagiu mal ao meu relatório, pois disse que eu tinha sido muito negativo. Então eu lhe mostrei que apenas um dos chapéus era a visão negativa e não todos os outros. Mostrei também que não há como negar que pessoas tem diferentes visões do mesmo assunto. Ele finalmente entendeu e agradeceu.

Para contribuir um pouco mais eu disse a ele que tinha aprendido, lendo o livro Ansiedade de Informação, do autor Richard Saul Wurman, que ao apresentar algo novo, é conveniente fazer uma analogia com algo conhecido. Se o novo era o fundo de pensão então seria interessante comparar com a poupança, para maior compreensão de todos. [64]

Assim foi feito.

Convite para ser gerente geral

Depois de 22 anos atuando na área de vendas, inicialmente como engenheiro de vendas, depois como gerente e finalmente como diretor, era natural que eu esperasse ser, um dia, convidado a assumir maior responsabilidade.

A primeira ocasião ocorreu quando o gerente geral da filial brasileira, responsável por todas as áreas de negocio, tanto de vendas quanto de suporte, me chamou e ofereceu a vaga de gerente de suporte da área de computadores, uma vez que o atual iria assumir maior responsabilidade.

Pensei um dia e respondi que agradecia, mas não aceitava, pois embora a responsabilidade fosse maior da que eu tinha, eu preferia continuar na área de negócios de medição.

Outra ocasião ocorreu quando o gerente mundial da área de negócios de medição me ofereceu a vaga de gerente, do nosso negócio de medição, para o território da América Latina. De pronto eu agradeci, mas disse que meus objetivos eram desenvolver os negócios dentro do país.

Finalmente, ou quase finalmente, quando em 1999, com a separação em duas empresas, uma de computadores e uma de medição, tanto a nível mundial como a nível local, eu estava bem esperançoso de ser convidado a assumir a gerencia geral da filial brasileira do negócio de medição.

Poucos dias após o anuncio da criação das duas novas empresas, meu chefe gringo me chamou ao telefone e perguntou se eu gostaria de assumir a tal posição de gerente geral da nova empresa no Brasil. Eu disse que claro que sim, mas para minha surpresa ele disse para eu ouvir primeiro as condições: os gerentes de cada função se reportariam a seus respectivos chefes no exterior, o gerente geral local seria o responsável legal frente ao governo local, não haveria alteração nas minhas funções atuais e nem na remuneração. Então ele perguntou se eu gostaria de assumir a tal posição nestas condições. Eu respondi que claro que não. Ele insistiu algumas vezes ao telefone e também pessoalmente, mas eu recusei o convite, mas muito agradecido pelo reconhecimento profissional.

Eu entendi que esta reorganização, uma verticalização de report, estava sendo feita a nível mundial e afetando as filiais em todos os países.

Por dois 2 anos outra pessoa assumiu a posição de gerente geral da filial brasileira, da empresa de medição. Quando ela pediu demissão meu chefe voltou a insistir para eu assumir esta responsabilidade. Nestes dois anos eu tinha refletido muito e sabia que uma hora o assunto iria voltar, então eu tinha que estar preparado, e estava. Eu disse a ele:

-Se não existem motivos para eu dizer sim ao seu convite, então elimine as barreiras que me fazem dizer não.

Ele gostou da resposta e passou a trabalhar em busca de eliminar estas barreiras.

Entre elas estava fazer um novo estatuto deixando claro que o gerente geral não teria responsabilidade pelos atos de cada gerente funcional. Também deveria obter uma carta de proteção ao meu patrimônio, conquistado por anos com o trabalho assalariado.

O livro 'Responsabilidades dos Administradores de Sociedades' do autor P. R. Tavares Paes muito me ajudou a encontrar a forma de proteger meu patrimônio.

Como o novo modelo de governança da empresa era de 21 gerentes delegados responsáveis por 21 áreas funcionais independentes e com report aos seus chefes no exterior, então não era razoável assumir responsabilidades pelas quais eu não teria autoridade.

Um dos gerentes delegados me alertou sobre uma tal de Hold Harmless Letter que poderia proteger meu patrimônio físico e moral.

Além da ajuda do meu chefe no exterior e do advogado da empresa, também recorri à leitura deste livro para conhecer mais sobre responsabilidade civil dos administradores.

Também li sobre "Directors and Officers Liability Insurance" – Risks for Managers with exposure in Doing Business in the country (source: Swiss Reinsurance Company' publication based on a seminar held on 6 October 1998 in Zurich".

Com base neste livro, neste material, e nas orientações dos advogados da empresa sobre o importante aspecto do 'In Elegendo' e 'In Vigilando' é que criamos um contrato social claro quanto às responsabilidades de cada gerente delegado e do presidente, bem como se emitiu uma "Hold Harmless Letter" necessária e suficiente para proteger os bens do presidente.

Atuei neste papel de diretor presidente, acumulado à minha função de diretor de negócios de instrumentos de medição eletrônica, no período de 2001 a 2008 quando então passei o chapéu de diretor presidente para meu colega da área de instrumentos de analises químicas.

O diferencial da empresa

Em 2001, quando me tornei diretor-presidente da subsidiaria brasileira desta empresa americana de soluções de medição, eu tinha que apresentar aos funcionários uma visão de futuro e mostrar qual era o diferencial da nossa empresa.

A razão de ser da nossa empresa já era bem consolidada: "Maximizar negócios lucrativos para nossos clientes, para nossa empresa e para nossos funcionários!"

A visão de futuro tinha seis vertentes: nossos clientes, nossos processos, nossas soluções, nossa empresa, nossos funcionários, nosso time.

Mas qual era o diferencial da nossa empresa com relação aos competidores?

Preparamos um pequeno totem para que cada funcionário tivesse em sua mesa. De um lado tinha uma imagem representando a nossa visão de futuro. Do outro lado era um espelho para que cada um soubesse o diferencial da nossa empresa, ou seja, o próprio funcionário, cada indivíduo!! Este era o nosso diferencial, pois nenhuma outra empresa tinha o nosso time.

A subsidiária quase foi fechada!

O telefone tocou, era meu chefe lá de Miami trazendo uma notícia preocupante. Ele disse que estavam pensando em fechar nosso escritório no Brasil.

Nunca pensei nisso, pois a filial já estava no Brasil por mais de 30 anos e nossos clientes, também empresas multinacionais, contavam com nosso suporte local aos produtos de alta tecnologia que vendíamos.

Meu chefe avisava que a área financeira global tinha identificado que o nosso escritório estava deficitário.

Achei muito estranho, pois nada havia mudado localmente que justificasse passar de lucrativo para deficitário.

O que fazer? Propus a ele montarmos um balanço anual com os dados históricos.

Ele concordou. Este exercício levou um certo tempo para ser feito devido à dificuldade em obter dados depois que, devido à globalização, levaram alguns departamentos para fora do país.

O resultado foi bom porque mostrou que realmente a filial era sustentável então isso fez com que todo o foco fosse redirecionado para identificar qual era o problema.

Nos bastidores da empresa

A grande surpresa foi que descobriram que o departamento de processamento de pedidos, localizado remotamente na Europa, não estava contabilizando parte das comissões da filial. E mais surpresa ainda, descobriram que o problema não era só com a filial brasileira!!!

Que perigo confiar cegamente num relatório financeiro... A filial poderia ter sido fechada por um erro humano banal.

Cinto de utilidades

Além de vivenciar tantos 'causos', durante a vida profissional, fui colecionando 'ferramentas' para meu cinto de utilidades e aprendi que:

Se tiver que enfrentar uma situação difícil, então é melhor enfrentá-la, já que é melhor amarelar antes do que avermelhar depois.

Se quiser fazer avançar um compromisso então é bom perguntar: 'Qual é o próximo passo?'.

A pessoa demonstra seu caráter quando faz o certo mesmo que ninguém esteja olhando.

É bom pensar grande, mas é prudente começar pequeno.

Ao comprometer-se é melhor prometer menos e entregar mais.

Se a pessoa se compromete, de coração, a fazer algo, então ela arruma o tempo, aprende como fazer, e motiva a si mesma.

Elogio se faz em público, crítica se faz em particular.

Mostrar como funciona vale mais que mil figuras.

Um mau resultado mais uma boa desculpa não equivalem a um bom resultado.

Nos bastidores da empresa

O desempenho deve ser medido por resultados e não por suor.

O bem se faz aos poucos. O mal, se necessário, se faz de uma vez.

Se o aluno não aprendeu, é porque o professor não ensinou.

Nos negócios, algo é estratégico se dá dinheiro, se não dá dinheiro então não é estratégico.

A cada etapa vencida, um novo sinal de partida!

No mundo dos negócios e no mundo da política, algo é ético se você faz sem se importar se tem alguém filmando ou não.

Existem momentos felizes. Felicidade total não existe.

Pensar sempre nos furos de um balde, o desperdício, devido a despesas fixas, vícios, multas. Para manter o balde cheio é preciso diminuir os furos do balde.

Gerente é a pessoa que completa os espaços vazios do organograma de sua área, isto é, as funções que não foram atribuídas a nenhuma pessoa do organograma serão executadas pelo próprio gerente ou pela pessoa a quem ele delegar. Lembrando que se delega função, mas não responsabilidade.

Intenção sem ação é ilusão.

É preciso ser visto para ser lembrado.

Não basta fazer, tem que alardear, mas não basta alardear, tem que fazer.

Mas é uma palavrinha que, quando proferida, apaga tudo o que foi dito antes dela.

A meta pessoal deve ser maior que o objetivo recebido que, por sua vez, deve ser maior que a previsão, pois objetivo deve ser realizável e desafiante.

O ótimo é inimigo do bom. Melhor entregar um resultado bom do que ficar eternamente buscando o ótimo e não entregar nunca.

Eu posso ganhar um negócio sozinho, mas eu não posso perder um negócio sem antes pedir por ajuda.

Tudo o que não é proibido é permitido, mas nem tudo que é permitido me convém.

Cuidado ao aceitar algum convite para ser pioneiro em algo, lembre-se que "os pioneiros foram mortos pelos índios!".

Os pontos de vista são 6: fatos, intuições, positivo, negativo, criativo, organizado.

Respeito é aceitar que a outra pessoa tem pensamentos próprios.

A roda não precisa estar perfeitamente redonda para ser colocada para rodar.

Só rompa algo depois de construir outra coisa que substitua o que vai ser rompido.

"A via da sabedoria é fácil de indicar: – errar, errar, errar! Fazer erros grandes e pequenos, mas sempre menos, sempre menos". Piet Hein.

O sentido da vida é: Para frente!

Sucesso é o resultado do uso de minhas habilidades quando impulsionado por minha motivação.

Uma tabela ou um tabuleiro, com suas linhas e colunas que me ajudam a visualizar o todo, me ajudam a dispor os recursos.

Dar ao outro o mesmo tempo que você levou para bolar sua proposta

Ouviu na rádio peão? Para saber a verdade busque a fonte, a origem da informação.

"O peixe não enxerga a água escura do aquário".

A demissão

A crise econômica mundial estava no auge. Meu chefe gringo e eu conversávamos sobre o enxugamento que deveria ser feito na organização de vendas e que poderia afetar também a ele e a mim.

Depois de varias conversas sobre hipóteses de reorganização ele me liga e pergunta se eu preferia ficar ou ser demitido. Se eu ficasse então eu teria que demitir outro gerente.

Eu lhe disse que a decisão sobre quem demitir no meu time era responsabilidade minha, mas que a decisão de me demitir ou não era dele. Ainda assim ele me perguntou como eu me sentiria com as duas possibilidades. Eu lhe disse que ficaria feliz com qualquer uma das duas. Se ficasse eu estaria feliz, pois gostava muito do que fazia e tinha motivação para continuar conquistando os resultados.

Se eu saísse eu também ficaria feliz, pois depois de 32 anos eu aproveitaria minha experiência para abrir novos campos de atuação.

Finalmente veio a decisão e tanto ele quanto eu fomos demitidos em 31 de outubro de 2009.

Por muitos anos aproveitei meus conhecimentos de gestão e de vendas como consultor e escrevi muitos artigos técnicos e não técnicos no blog Prazer Compartilhar.

Nos bastidores da empresa

Quando começou a pandemia de final de 2019 descobri que era muito fácil e gratuito publicar livros como autor independente de editoras. Publiquei mais de 26 livros em formato e-book na Bibliomundi, na Amazon, na Agbook. Publiquei em formato impresso sob demanda na Agbook.

De engenheiro, vendedor, gerente, diretor, virei consultor e agora autor.

Sobre o autor

Décio Martins de Medeiros publicou livros de poesias, teologia, religião, gestão, vendas, genealogia, memórias, humor pelo Agbook, Amazon e Bibliomundi.

Participa do blog Prazer Compartilhar e do Clube de Autores.

Conheça a biografia do autor e seus livros: https://www.agbook.com.br/authors/529555

Nos bastidores da empresa